Inhalt

Internationales Controlling - Den meisten Unternmehmen fehlen geeignete Tools, eine übergreifende internationale Wertschöpfungskette zu steuern

Kernthesen

Beitrag

Fallbeispiele

Weiterführende Literatur

Impressum

GENIOS WirtschaftsWissen Nr. 02/2007 vom
07.02.2007

Internationales Controlling - Den meisten Unternmehmen fehlen geeignete Tools, eine übergreifende internationale Wertschöpfungskette zu steuern

M. Westphal

Kernthesen

- Immer mehr Unternehmen erkennen die internationalen Standortvorteile und wollen

eine internationale Präsenz ihres Unternehmens forcieren.
- Die Planung wie auch Umsetzung des internationalen Auftritts wird häufig nicht ausreichend im ganzheitlichen Unternehmensansatz gesehen.
- Vielen Unternehmen fehlt ein an den Anforderungen internationaler Aktivitäten orientiertes Controlling.
- Die Business Footprint Optimization stellt eine geeignete Möglichkeit dar, ein sinnvolles, an den internationalen Anforderungen orientiertes ganzheitliches, Unternehmenscontrolling sicherzustellen.

Beitrag

Internationalität ist nicht mehr nur noch großen, multinationalen Unternehmen vorbehalten. Zur Optimierung der internationalen Leistungsprozesse ist aber auch die Anwendung eines entsprechenden Controlling-Instrumentariums notwendig.

International orientierte Unternehmen müssen ihr Controlling auf die

Anforderungen international orientierter Kostenrechnung anpassen

Unternehmensführung und Controlling von Unternehmen, die auf internationalen Märkten agieren, sehen sich veränderten Anforderungen gegenüber. Dabei spielt vor allem die internationale Wertschöpfungsarchitektur eine große Rolle, denn sie hält noch viel verborgenes Potenzial zur Optimierung und damit Effizienzsteigerung im Unternehmen bereit. Gerade das Controlling ist auf internationaler Ebene häufig nur unzureichend auf die Identifikation und Nutzung dieses Potenzials vorbereitet. Dem Controlling fehlen die Tools, eine länderübergreifende prozess- und ressourcenseitige Optimierung des Unternehmensverbunds durchzuführen. (1)
Die Unternehmensführung muss die Abstimmung innerhalb des internationalen Wertschöpfungsverbunds sicherstellen und eine einheitliche Strategie über alle Länder und Standorte hinweg etablieren. (1)
International orientierte Unternehmen müssen für ein Controlling, welches bei international orientierten Entscheidungen sinnvoll unterstützen soll, auch die Datenbereitstellung sorgfältig organisieren. So ist eine sinnvolle integrierte Reportingfunktion zu etablieren. Dieses bedingt ein abgestimmtes

Vorgehen zwischen externem und internem Reporting. (6)

International differierende Standortgegebenheiten motivieren die internationale Präsenz von Unternehmen, diese müssen aber auch erfolgreich nutzbar gemacht werden

Auch die Unternehmensstrategie wird von der Herausforderung der Internationalität beeinflusst. (1) Der internationale Auftritt eines Unternehmens verlangt vom Controlling, sich mit verschiedenen Faktoren zu beschäftigen.
Die unterschiedlichen Standortgegebenheiten motivieren das Interesse eines Unternehmens in verschiedenen Ländern zu investieren. Auch kleine und mittelgroße Unternehmen können inzwischen international agieren. Ein solches Engagement ist nicht mehr nur noch großen multinationalen Unternehmen vorbehalten. (1)
Zu den Faktoren, die ein internationales Engagement motivieren, gehören z. B. Lohnkostenvorteile in China oder Osteuropa wie auch die Expertise und Qualität

der großen Software-Entwicklungsfarmen in Indien. (1)
Die Verteilung der internationalen Wertschöpfungsaktivitäten ist abhängig von zwei Faktorengruppen, den Vorteilen und den Barrieren. Als **Wettbewerbsvorteile** lassen sich vier Komplexe identifizieren:- Marktchancen (Vorteile eines Landes in Bezug auf die Absatzseite / Marktgröße)- Standortvorteile (Lohnkosten / Zugang Rohstoffe)
- Skalenvorteile (Bündelung von Ausbringungsmengen über Landesgrenzen hinweg und damit Absinken der Stückkosten / Erhöhung der Marktmacht gegenüber Lieferanten durch Bündelung Bedarfe)
- Verbundvorteile (Steigerung der Effizienz durch die internationale Verteilung von Wertschöpfungsaktivitäten wie Risikodiversifikation oder Ausnutzung Zeitverschiebung bei internationalen Projekten) (1)
Natürlich muss das Unternehmen auch in der Lage sein, die Wettbewerbsvorteile zu generieren und auf anderen Märkten verwerten zu können. Erst wenn Vorteile eines Landes dem ganzen Unternehmen zur Verfügung gestellt werden können, entstehen auch wirklich Wettbewerbsvorteile für das Unternehmen, da die jeweils lokalen Landesvorteile in diesem Land für alle dort ansässigen Unternehmen gelten. (1)
Auf der Seite der **Barrieren** sind die Handels- und Investitionsbarrieren zu nennen. So hindern die

Handelsbarrieren den internationalen Leistungsfluss zwischen den verschiedenen Einheiten des Unternehmens wie z. B. Zölle oder prohibitiv hohe Transportkosten. Investitionsbarrieren behindern den Aufbau von Wertschöpfungsaktivitäten im Ausland durch die Belastung ausländischer Firmen mit zusätzlichen Steuern oder Auflagen, denen einheimische Unternehmen nicht unterliegen. (1) Hohe Investitions- aber niedrige Handelsbarrieren sprechen für eine importorientierte Strategie der Auslandstochter. So können im Ausland Marktchancen ergriffen werden und im Heimatland Skalenvorteile realisiert werden. Sofern niedrige Investitions- aber hohe Handelsbarrieren bestehen, wählt die ausländische Tochter eine lokale Geschäftsstrategie. Eine Exportstrategie wird kaum von Investitions- oder Handelsbarrieren behindert. (1)

Dienstleistungsunternehmen bieten ihre Leistungen zunehmend international an

Die deutsche Exportaktivität wird inzwischen wesentlich von Dienstleistungsunternehmen beeinflusst. Der Personalbestand im Inland wird von den Exportaktivitäten überproportional erhöht.

Das Bundesforschungsministerium hat seit dem Jahr 2005 in zunehmendem Maße Studienprojekte gefördert, die praktische Tipps für Exporteure von Dienstleistungen generieren sollen. Gerade Dienstleistungen für Industrieprodukte gewinnen zunehmend an Bedeutung. (3)
Die Unternehmen müssen zunehmend Dienstleistungen vor Ort erbringen. Vor allem im Maschinenbau und Großhandel müssen qualifizierte Mitarbeiter am Standort der Ausführung beschäftigt werden. Gerade bei Dienstleistungen fällt der interkulturelle Faktor ins Gewicht. Der Preis wird aber von vielen Kunden bei Dienstleistungen nicht als Hauptargument für eine Kaufentscheidung herangezogen. (3), (4)
Gerade im Bereich der IT-Dienstleistungen profitieren die Unternehmen von einer grenzüberschreitenden Verknüpfung von Controlling, Marketing, interner Planung, Vertrieb und Beschaffung. (3)

Die meisten Investitionsgüterhersteller sehen in der Zukunft ein wachsendes Marktpotenzial im Bereich des Service. Für viele ist der Servicebereich aus Profitabilitätssicht sogar deutlich attraktiver als der Produktbereich. (4)
Ziel vieler Unternehmen ist es, ganzheitliche Konzepte und Instrumentarien zu etablieren, die das Engineering, Roll-Out und die Markteinführung qualitativ hochwertiger Dienstleistungen im

internationalen Umfeld ermöglichen. (4)
Aktuelle Probleme von Unternehmen in ihren Internationalisierungsstrategien liegen darin begründet, dass auch innerhalb des gleichen Unternehmens sehr unterschiedliche organisatorische Formen der Marktbearbeitung bestehen. Die Risiken der internationalen Marktbearbeitung sind den Unternehmen bewusst. Deshalb werden die einzelnen Präsenzen Schritt für Schritt aufgebaut. (4)
Bisher stimmen leider nur wenige Unternehmen ihre international angebotenen Dienstleistungen systematisch auf die Anforderungen und Rahmenbedingungen der Zielmärkte ab. Ein gezieltes Customizing, welches den Service soweit wie möglich aber so individuell wie nötig gestaltet, fehlt häufig noch. (4)

Die Business Footprint Optimization stellt ein geeignetes Instrument für das internationale Controlling dar

Ein mögliches Tool zur Entwicklung einer international orientierten Wertschöpfungsstrategie ist die Business Footprint Optimization (BFO). Dieses

Instrument fokussiert sich auf die Beantwortung der Frage des Aufbaus eines internationalen Wertschöpfungsverbunds und dessen fortlaufende Optimierung. (1)
Ziel der BFO ist es, internationale Wertschöpfungsflüsse messbar zu machen, um dann auf dieser Basis eine Steuerung zu ermöglichen. (1)
Aus der Sichtweise der Tochtergesellschaft ergeben sich verschiedene Sichtweisen, welche lauten: Importgeschäft, lokales Geschäft und Exportgeschäft. Im Falle des Importgeschäfts bezieht die Tochter Leistungen von der Mutter oder auch einer anderen Tochter und es besteht eine hohe Abhängigkeit von den anderen Einheiten im Unternehmensverbund. (1)
Im Falle des lokalen Geschäfts ist die Tochter in ihrem Land vollkommen autark und erbringt alle ihre Wertschöpfungsaktivitäten für sich selbst. Die Tochter ist vollkommen selbstständig und zur Mutter bestehen nur Kontroll- und Steuerungsbindungen. (1)
Im Falle des Exportgeschäfts erbringt die Tochter Leistungen in ihrem Land und stellt sie anderen Ländern zur Nutzung zur Verfügung. (1)
Zwar tauchen diese generischen Strategien in ihrer absoluten Reinform in der Unternehmenspraxis kaum auf, aber die jeweiligen Strategien müssen funktional betrachtet werden, um den jeweiligen Mix der Strategien herauszuarbeiten, denn das Verhältnis der Anteile der drei Grundstrategien zueinander ergibt den Business Footprint. (1)

Viele Unternehmen beschränken sich bei der Betrachtung ihrer Verteilung von Wertschöpfungsaktivitäten auf internationalen Märkten auf eine Marktbetrachtung. Man verkauft z. B. in China und so wird überlegt, auch dort zu produzieren. (1)
Damit wird aber die prozessuale Optimierung vernachlässigt. Gerade diese Perspektive ist unerlässlich, sofern man das volle Potenzial aus den internationalen Aktivitäten gewinnen will. So ist jede Prozessfunktion für ein Land isoliert im Zusammenspiel mit anderen Unternehmensstandorten zu betrachten und zu bewerten. Die Funktion des Controllings besteht nicht nur in der Diskussion von Transferpreisen oder dem Errechnen der DCF-Werte für isolierte Standortbetrachtungen. Dann würde das Controlling seine Aufgabe als Service-Kraft des Managements nicht erfüllen. (1)
Eine rein länderbezogene Optimierung, die die prozess- und ressourcenseitigen Potenziale länderübergreifender Wertschöpfungsflüsse außer Acht lässt, ist bisher aber leider noch der Regelfall. (1)
Die Business Footprint Optimization unterscheidet zwei Hauptphasen:
- Diagnose: Ist-Prozess-Aufnahme
- Therapie und Fitness: Soll-Prozess-Gestaltung
Im Rahmen der Ist-Prozess-Analyse wird ein

differenziertes Bild der Standorte und Funktionsbereiche anhand der funktionsspezifischen Footprints ermittelt. Diese Footprints werden dann in die Globalmatrix überführt. (1)
Ebenso wird das quantitative Ausmaß der internationalen Vernetzung identifiziert, wobei komplexe Leistungszusammenhänge wie Leistungsströme zwischen den Standorten analysiert und berechnet werden. (1)
Die Optimierung der aktuellen Situation geschieht mit der Soll-Prozess-Gestaltung, welche in der Unternehmenszentrale abgestimmt und entschieden werden muss. In diesen Prozess einer wirklich gesamthaften und länderübergreifenden Optimierung spielt die Einbeziehung des Controllings eine wesentliche Rolle. (1)

Fallbeispiele

International verflochtene Unternehmen müssen zur ganzheitlichen Optimierung ihres westweiten Geschäfts das Management von Finanzrisiken berücksichtigen. So zeigen sich börsennotierte Unternehmen sehr aufgeschlossen für die Anwendung moderner Sicherungsinstrumente. Die

praktische Anwendung von IAS 39 und Hedge Accounting ist aber häufig noch nicht genügend in das Controlling integriert, weshalb teilweise sogar die realen Geschäftsprozesse nur eingeschränkt genutzt werden können. In diesem Zusammenhang können die Kreditinstitute mit ihrer Kompetenz den Unternehmen helfen und verloren gegangene Kundenbeziehungen wieder stärken. Das Management finanzieller Risiken gewinnt gerade in Zeiten globalen Wettbewerbs bei international vernetzten Unternehmen an großer Bedeutung. Dabei gilt auch, dass die Komplexität und Dynamik des Risikoumfelds wächst je größer und internationaler das Unternehmen ist. (2)
So ist z. B. die Möglichkeit, flexibel auf Wechselkursänderungen reagieren zu können im internationalen Handel von großer Hilfe, da dann der internationale Handel als eine Option betrachtet werden kann. Das Unternehmen kann sich für Export entscheiden, wenn der Gewinn aus dem Export größer ist als der Inlandsverkauf, ohne die Wechselkurse beachten zu müssen. Das Wechselkursrisiko beeinflusst den Erfolg internationaler Unternehmen auf sehr unterschiedliche Art und Weise. Dabei spielt für Handelsentscheidungen in internationalen Unternehmen die Absicherung von Wechselkursrisiken mit dem Einsatz z. B. von Devisenderivaten eine große Rolle, um überhaupt eine

fundierte Entscheidung bzgl. bestimmter Optionen treffen zu können. (5)

Weiterführende Literatur

(1) Kaufmann, Lutz; Nursai, Harez, Business Footprint Optimization, Internationale Wertschöpfungsflüsse steuern, Controlling, Heft 12, Dezember 2006, S. 629 - 635
aus tecChannel.de Online, Meldung vom 15.10.2006

(2) State of the Art des Finanzrisikomanagements von großen deutschen Industrieunternehmen
aus Zeitschrift für das gesamte Kreditwesen 02 vom 15.01.2007 Seite 073

(3) Export von Dienstleistungen
aus Die SparkassenZeitung, 10.11.2006, Nr. 45, S. 20

(4) Dienstleistungen erfolgreich exportieren – Services Made in Germany
aus Zeitschrift für wirtschaftlichen Fabrikbetrieb, Heft 12/2006, S. 704-708

(5) Broll, Prof. Dr. Udo; Gilroy, Prof. Dr. B. Michael; Lukas, Dr. Elmar, Exportflexibilität und Wechselkursrisiko, WiSt
Wirtschaftswissenschaftliches Studium, Heft 12/2006, S. 681 683
aus Zeitschrift für wirtschaftlichen Fabrikbetrieb,

Heft 12/2006, S. 704-708

(6) Erdmann, Mark-Ken; Meyer, Ulf; Iserte, Vanessa, Effizientes und effektives Intercompany Management für externes und internes Reporting, Controlling, Heft 10/2006, S. 535 - 543
aus Zeitschrift für wirtschaftlichen Fabrikbetrieb, Heft 12/2006, S. 704-708

Impressum

Internationales Controlling - Den meisten Unternmehmen fehlen geeignete Tools, eine übergreifende internationale Wertschöpfungskette zu steuern

Bibliografische Information der deutschen Nationalbibliothek

Die Deutsche Nationalbibliothek verzeichnet diese Publikation in der deutschen Nationalbibliografie; detaillierte bibliografische Daten sind im Internet über http://dnb.d-nb.de abrufbar.

ISBN: 978-3-7379-0042-3

© 2015 GBI-Genios Deutsche Wirtschaftsdatenbank GmbH, Freischützstraße 96, 81927 München, www.genios.de

Alle Rechte vorbehalten. Dieses Werk ist einschließlich aller seiner Teile – z.B. Texte, Tabellen und Grafiken - urheberrechtlich geschützt. Jede Verwertung außerhalb der Grenzen des Urheberrechtsgesetzes bedarf der vorherigen

Zustimmung des Verlags. Dies gilt insbesondere auch für auszugsweise Nachdrucke, fotomechanische Vervielfältigungen (Fotokopie/Mikroskopie), Übersetzungen, Auswertungen durch Datenbanken oder ähnliche Einrichtungen und die Einspeicherung und Verarbeitung in elektronischen Systemen.